für Mia
von Opa

Dorothée Bleker

Du weißt gar nicht, wie stolz ich auf dich bin

Ich bin sooo stolz auf dich –

du weißt gar nicht,
wie sehr…

Ich bin sooo stolz auf dich,

weil du hartnäckig

dein Ziel verfolgst

und dich von nichts

und niemandem

beirren lässt!

Du stehst **bärig mutig**
zu deiner Meinung und
zeigst immer Flagge!

Dass du auch
am steilsten Berg
nicht aufgibst,
finde ich einfach
bärenstark!

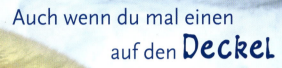

Auch wenn du mal einen auf den Deckel bekommst, lässt du dich nicht unterkriegen!

Du hast eine Bärenenergie und knuffst mich auch mal, wenn ich durchhänge.

Wenn du deine Erfolge mit mir teilst, freu' ich mich jedes Mal riesig!

Mit deinem Charme wickelst du jeden um den kleinen Finger!

Ich bin **sooo stolz** auf dich,

weil du es schaffst, auch mal über deinen **Schatten zu springen!**

Mit dir hab' ich einen
bärenstarken Partner
im Team.

Auch an trüben Tagen schaust du **nach vorne,** deshalb bin ich **sooo stolz** auf dich!

Wo andere an der Oberfläche bleiben,

Dass ich bei wichtigen Entscheidungen **hinter dir stehen** kann, das macht mich **richtig glücklich.**

Ich bin sooo stolz auf dich,
weil du auch mal zugeben kannst, wenn du Mist gebaut hast.

Meine Geheimnisse sind bei dir so sicher aufgehoben wie in einem Tresor!

Du bist **sofort zur Stelle,** wenn jemand mal **Trost** braucht!

Du hast die **Bärenruhe** weg und nimmst dir auch mal 'ne **verdiente** Auszeit.

Du behältst einfach
den Durchblick!

Ich bin sooo stolz auf dich, ich find' dich einfach riesig!

Weißt du jetzt,

wie stolz

ich auf dich bin?

Titel aus der Reihe **Ich denk an dich:**

Gute Besserung
(ISBN 978-3-89008-672-9)

Einfach mal nichts tun
(ISBN 978-3-89008-520-3)

Affenstarke Geburtstagswünsche
(ISBN 978-3-89008-592-0)

Sauviel Glück für dich
(ISBN 978-3-89008-372-8)

Du bist einfach klasse!
(ISBN 978-3-89008-375-9)

Schön, dass wir Freunde sind
(ISBN 978-3-89008-839-6)

Kopf hoch!
(ISBN 978-3-89008-366-7)

Bärig liebe Wünsche für dich
ISBN 978-3-89008-364-3)

Du weißt gar nicht, wie lieb ich dich hab
(ISBN 978-3-89008-363-6)

Ich drück dir fest die Daumen
(ISBN 978-3-89008-373-5)

Du weißt gar nicht, wie stolz ich auf dich bin
(ISBN 978-3-86713-239-8)

Tierisch lieben Dank
(ISBN 978-3-86713-240-4)

ISBN 978-3-86713-239-8
© Groh Verlag GmbH, 2009
www.groh.de

Bildnachweis:
Titel, Rückseite, S. 3, 10/11, 15, 21, 25, 31, 43, 44/45 u. 47: Thorsten Milse
S. 4/5: mauritius images/Steve Bloom
S. 7: Michio Hoshino/Minden Pictures/Picture Press
S. 8/9: Arco Images/Martha Holmes
S. 12/13: Paul Nicklen/National Geographic/Getty Images
S. 16/17: Monsoon/Photolibrary/Comet/Corbis
S. 18/19: iStockphoto/David Parsons
S. 22/23: Ralph Lee Hopkins/National Geographic/Getty Images
S. 27: mauritius images/Sipa
S. 28/29: Jenny E. Ross/Corbis
S. 32/33: Wayne R. Bilenduke/Photographer's Choice/Getty Images
S. 35: orlando/fotolia
S. 36/37: Daniel J. Cox/Stone/Getty Images
S. 38/39: Art Wolfe/Stone/Getty Images
S. 40/41: Larry Williams/Flirt/Corbis.

Idee und Konzept: Groh Verlag.
Das Werk einschließlich seiner Teile ist urheberrechtlich geschützt. Jede Verwertung außerhalb der engen Grenzen des Urheberrechtsgesetzes ist ohne Zustimmung des Verlages unzulässig und strafbar. Das gilt insbesondere für Kopien, Einspeicherung und Verarbeitung in elektronischen Systemen.

097007-4253-03

Ein Lächeln schenken

Geschenke sollen ein Lächeln auf Gesichter zaubern und die Welt für einen Moment zum Stehen bringen. Für diesen Augenblick entwickeln wir mit viel Liebe immer neue GROH-Geschenke, die berühren.

In ihrer großen Themenvielfalt und der besonderen Verbindung von Sprache und Bild bewahren sie etwas sehr Persönliches.

Den Menschen Freude zu bereiten und ein Lächeln zu schenken, das ist unser Ziel seit 1928.

Ihr